Abenteuer durch die Zeit – Unsere Vergangenheit entdecken: Ein kurzer Text über Afrika für Kinder

Verlag: BoD · Books on Demand GmbH,
Überseering 33, 22297 Hamburg, bod@bod.de
Druck: Libri Plureos GmbH,
Friedensallee 273, 22763 Hamburg
ISBN: 978-3-8192-9861-5

awung@apc-kassel.com

Abenteuer durch die Zeit – Unsere Vergangenheit entdecken: Ein kurzer Text über Afrika für Kinder

Inhaltsverzeichnis

Abenteuer durch die Zeit – Unsere Vergangenheit entdecken: Ein kurzer Text über Afrika für Kinder

Einleitung – Was dich erwartet

Viele Menschen in Europa sehen Afrika auf eine bestimmte Weise – oft nur als armen Kontinent voller Probleme. Hilfsorganisationen zeigen zum Beispiel traurige Bilder von Kindern, die in Mülltonnen nach Essen suchen. Solche Bilder zeigen zwar Teile der Wahrheit, aber sie geben kein vollständiges oder faires Bild von Afrika.

Dieses Heft möchte dir helfen, Afrika besser zu verstehen – mit all seinen schönen und schwierigen Seiten. Wenn du gemeinsam mit deinen Eltern liest, könnt ihr euch über Afrika austauschen. Besonders Kinder afrikanischer Herkunft sollen ein echtes Bild von ihrer Heimat oder den Wurzeln ihrer Familie bekommen – nicht nur das, was manche Medien zeigen.

Afrika ist mehr als Armut. Es ist ein riesiger Kontinent mit vielen Ländern, Sprachen, Kulturen und einer langen Geschichte. Afrika hat viele Bodenschätze, kluge Menschen und spannende Ideen. Dieses Heft will dir zeigen: Afrika ist stark – und gehört genauso zur Welt wie jeder andere Kontinent.

Abenteuer durch die Zeit – Unsere Vergangenheit entdecken: Ein kurzer Text über Afrika für Kinder

Kapitel1. Begriffe einfach erklärt

1. Vorkoloniales Afrika

Das ist die Zeit, bevor Menschen aus Europa nach Afrika kamen, um dort zu bestimmen, wie alles laufen soll. Damals hatten die afrikanischen Völker ihre eigenen Könige, Königreiche und Regeln.

2. Transatlantischer Sklavenhandel

Diese Zeit war sehr schlimm: Viele Menschen aus Afrika wurden gefangen genommen und mit Schiffen über den Atlantik (das ist ein großer Ozean) nach Amerika gebracht. Dort mussten sie ohne Lohn arbeiten – das nennt man „Sklaverei".

3. Transsaharanischer Sklavenhandel

Auch durch die große Wüste in Afrika, die Sahara, wurden früher Menschen als Sklaven verkauft. Sie wurden oft in Länder im Norden von Afrika oder bis nach Asien gebracht.

4. Koloniales Afrika

Das war die Zeit, in der europäische Länder wie Frankreich oder Großbritannien Teile von Afrika eroberten und alles bestimmten – ohne die Menschen dort zu fragen.

5. Unabhängiges Afrika

Später kämpften die Afrikanerinnen und Afrikaner für ihre Freiheit. Sie wollten ihre Länder selbst regieren. Wenn ein Land unabhängig ist, darf es allein entscheiden, was es tut.

6. Panafrikanismus

Das ist die Idee, dass alle Menschen aus Afrika und mit afrikanischen Wurzeln zusammenhalten sollen – wie eine große Familie. Sie sollen sich gegenseitig helfen und stolz auf Afrika sein.

7. Afrikanische Religionen

In Afrika glauben Menschen an viele verschiedene Dinge. Manche glauben an einen Gott, andere an viele Götter oder Geister. Viele afrikanische Religionen achten die Natur und die Vorfahren sehr.

8. Afrikanische Lebensweise

So nennt man das, wie Menschen in Afrika leben – wie sie arbeiten, was sie essen, wie sie feiern und zusammenleben. Es gibt viele verschiedene Kulturen!

9. Sprache in Afrika

In Afrika gibt es über 2.000 Sprachen! Manche sprechen zum Beispiel Swahili, Hausa oder Zulu. Viele Menschen können sogar mehrere Sprachen sprechen.

10. Afrikas Zukunft – für Kinder

Afrikas Kinder sind sehr wichtig für die Zukunft. Bildung, Frieden und gute Lebensbedingungen helfen, dass Afrika noch stärker wird.

11. Afrikanische Tiere

In Afrika leben viele spannende Tiere: Löwen, Elefanten, Zebras, Giraffen und viele mehr. Sie sind wichtig für die Natur und müssen geschützt werden.

12. Afrikanische Helden

Das sind mutige Frauen und Männer, die etwas Besonderes für Afrika getan haben – zum Beispiel für Freiheit, Gerechtigkeit oder Bildung gekämpft.

13. Alle Menschen sind gleich

Egal wie jemand aussieht oder wo er herkommt – alle Menschen sind gleich viel wert. Jeder Mensch soll fair behandelt werden.

Kapitel 2.Das vorkoloniale Afrika- Afrika vor langer Zeit

Die afrikanische Geschichte kann nicht ohne den Einfluss der Europäer und Araber diskutiert werden. Die Wirkung europäischer Entdecker, Missionare, Kolonialherren und auch arabischer Dschihadisten hat das afrikanische Leben stark beeinflusst.

Igbo (Nigeria) Frauen in vorkoloniale Nigeria

Bevor die Europäer afrikanischen Boden betraten, existierten auf dem Kontinent große Reiche, die von Königen und Königinnen regiert wurden. Die Aufgaben eines Königs bestanden darin, das Volk zu beschützen, Streitigkeiten zu schlichten und das Reich zu entwickeln – ähnlich wie ein heutiges Staatsoberhaupt. Einige der bekannten Reiche waren:

- das Songhai-Reich
- das Kanem-Bornu-Reich
- das Mali-Reich
- das Benin-Königreich
- das Ashanti-Königreich und
- das Zulu-Königreich

Einige dieser Reiche existieren bis heute – zum Beispiel das Benin-Reich in Nigeria und das Ashanti-Königreich in Ghana.

Mansa Kankan Musa, König des Mali-Reiches

Die Europäer kämpften gegen die Afrikanerinnen und Afrikaner und gewannen, bevor sie den Kontinent kolonisierten. Äthiopien war das einzige afrikanische Land, das die Italiener besiegte und sich der Kolonialherrschaft widersetzte.

Afrikanische Stämme und Reiche betrieben untereinander Handel – durch sogenannten Tauschhandel. Dabei wurden Waren gegen Waren getauscht, etwa eine Ziege gegen 40 Liter Palmöl oder 14 Kilogramm Yamswurzeln.

Kapitel 3.Der transatlantische Sklavenhandel- Der Handel mit Sklaven über den Atlantik

Sklavenhandel bedeutet den Kauf und Verkauf von Menschen, die gegen ihren Willen verschleppt wurden. Diese Zeit zählt zu den dunkelsten Kapiteln der Menschheitsgeschichte. Europäer verschleppten Afrikanerinnen und Afrikaner gewaltsam – manchmal mit Unterstützung anderer Afrikanerinnen und Afrikaner – nach Amerika, wo sie auf Plantagen und in Fabriken ohne Lohn arbeiteten. Diese Sklaven hatten kaum Rechte und wurden als Eigentum der Sklavenhalter betrachtet. Es war ihnen sogar verboten, sich mit Weißen zu vermischen – man spricht von Rassentrennung. Schwarze wurden leider wie Tiere behandelt.

Man muss auch erwähnen, dass Afrikanerinnen und Afrikaner andere Afrikanerinnen und Afrikaner versklavten. Diese Unmenschlichkeit begann im 16. Jahrhundert und wurde in den USA im Jahr 1865 abgeschafft.

Einige afrikanische Gesellschaften begruben ihre verstorbenen Könige mit Sklaven – eine sehr schlechte Tradition.

Der sogenannte Dreieckshandel beschreibt diesen Kreislauf

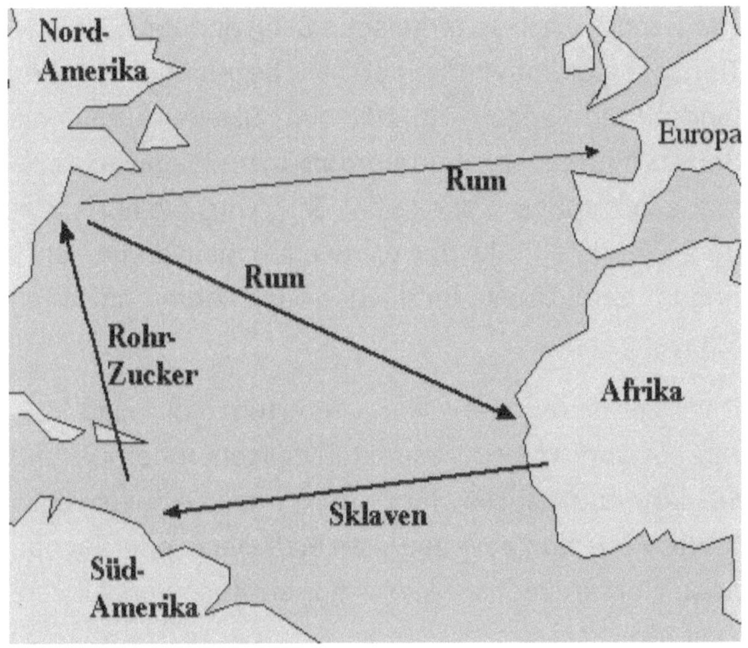

Der Dreieckshandel

Die Europäer brachten Gewehre und Alkohol nach Afrika. Dort tauschten sie diese Sachen gegen Menschen. Die Menschen wurden nach Amerika gebracht. In Amerika verkauften die Europäer sie als Sklaven und nahmen Zucker und Baumwolle mit zurück nach Europa. Das war wie ein Kreislauf – ein sehr trauriger.

Kapitel 4.Der Transsaharanische Sklavenhandel- Der Handel mit Sklaven durch die Wüste

Der Begriff "Transsaharanische Sklavenhandel" (auch: Transsahara-Sklavenhandel) bezeichnet den jahrhundertelangen Handel mit Sklaven über die Sahara hinweg zwischen Nordafrika und Schwarzafrika (subsaharisches Afrika). Er war einer der bedeutendsten Teile des weltweiten Sklavenhandels – neben dem transatlantischen und dem indischen Sklavenhandel.

Der Zeitraum war vom Altertum bis ins 20. Jahrhundert, mit Höhepunkten zwischen dem 7. und 19. Jahrhundert. Die Hauptrouten des Handelsweges führten z. B. von dem heutigen Mali, Niger oder Tschad nach Nordafrika (Marokko, Algerien, Tunesien, Libyen, Ägypten).

Die Handelspartner waren Arabische, berberische und afrikanische Händler. Sie verkauften in nordafrikanischen Städten, im Osmanischen Reich, auf dem Nahost-Markt und teils auch in Südeuropa.

Die Sklaven wurden misshandelt

Die Versklavte Menschen waren vor allem schwarze Afrikanerinnen und Afrikaner aus südlich der Sahara gelegenen Regionen. Die Zwecke der Versklavung waren,

- Arbeiten im Haus oder auf dem Hof
- Haremssklavinnen (Konkubinen)
- Eunuchen (kastrierte Männer, oft für Dienste am Hof oder im Harem)
- Soldaten

Viele männliche Sklaven wurden kastriert, was hohe Todesraten verursachte. Die Schätzungen gehen davon aus, dass Millionen von Menschen im Laufe der

Jahrhunderte Opfer dieses Handels wurden. Der transsaharanische Handel war älter und länger anhaltend als der transatlantische Sklavenhandel. Er beeinflusste kulturelle, wirtschaftliche und gesellschaftliche Strukturen in weiten Teilen Afrikas und Nordafrikas.

Offiziell wurde die Sklaverei in den meisten nordafrikanischen Ländern im 19. oder frühen 20. Jahrhundert abgeschafft. In der Praxis hielt sie sich teils illegal oder in verdeckter Form noch länger.

Kapitel 5.Das koloniale Afrika- Als Afrika von anderen Ländern regiert wurde

Kolonialismus bedeutet die gewaltsame Herrschaft über Afrikanerinnen und Afrikaner durch Europäer. Die Kolonisierung Afrikas begann zwischen den 1870er und 1900er Jahren. Die wichtigsten Kolonialmächte waren Frankreich, Deutschland, Großbritannien, Portugal, Spanien, Italien und Belgien. Diese europäischen Länder teilten Afrika 1884 bei einer Konferenz in Berlin unter sich auf – ohne Zustimmung der Afrikanerinnen und Afrikaner. Dies wird als "Wettlauf um Afrika" bezeichnet.

Afrika wurde als Rohstoffquelle und Absatzmarkt für europäische Waren genutzt. Der Besitz von Kolonien war auch eine Frage des Prestiges. Viele Afrikaner wurden getötet, weil sie sich der Kolonialherrschaft widersetzten.

Die Deutsche Kolonisation in Kamerun

In den 1960er Jahren kämpften Afrikanerinnen und Afrikaner hart für die Unabhängigkeit. Trotz der Ausbeutung durch die Kolonialherren wurden auch Infrastrukturen wie Straßen, Eisenbahnen und Häuser gebaut und einige Afrikanerinnen und Afrikaner ausgebildet – sogenannte Eliten. Diese Eliten, wie Kwame Nkrumah, Kenneth Kaunda und Jomo Kenyatta, führten ihre Länder zur Unabhängigkeit.

Die koloniale Landkarte von Afrika

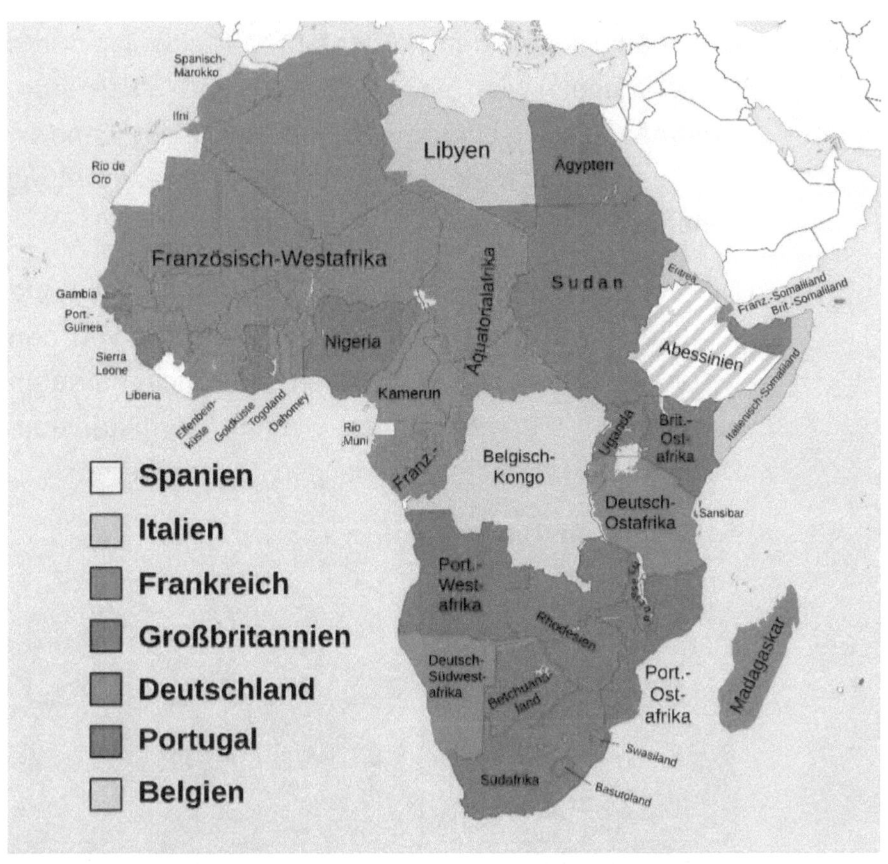

Kapitel 6.Unabhängiges Afrika- Afrikas Weg in die Freiheit

Afrika ist kein Land, sondern ein Kontinent mit 55 Ländern. Die meisten Länder Afrikas erhielten ihre Unabhängigkeit in den 1960er Jahren – teilweise durch Bürgerkriege wie in Algerien und Kamerun. Unabhängigkeit bedeutet die Fähigkeit eines Landes, sich selbst zu regieren – auch Selbstbestimmung genannt.

Die neuen Staaten hatten wirtschaftliche und politische Schwierigkeiten, da sie weiterhin von den Kolonialmächten abhängig waren. Viele dieser Staaten suchten wirtschaftliche und militärische Unterstützung bei den ehemaligen Kolonialherren.

Jaunde, die Hauptstadt von Kamerun

Auch nach der Unabhängigkeit hatten die Kolonialmächte weiterhin Einfluss – man spricht von Neokolonialismus. Großbritannien gründete das Commonwealth of Nations, Frankreich die Frankophonie, um die Kontrolle zu behalten. In den meisten afrikanischen Ländern wird der Unabhängigkeitstag als Nationalfeiertag gefeiert – als Tag der Befreiung von der Fremdherrschaft.

Abenteuer durch die Zeit – Unsere Vergangenheit entdecken: Ein kurzer Text über Afrika für Kinder

Die Landkarte von Unabhängige Afrika

Kapitel 7. Panafrikanismus – Gemeinsam stark

Der Panafrikanismus ist eine Idee, die Menschen afrikanischer Herkunft auf der ganzen Welt verbindet. Er hilft ihnen, stolz auf ihre Wurzeln zu sein und zusammenzuhalten. So wirkt der Panafrikanismus:

1. Stolz auf die Herkunft: Menschen fühlen sich stark, weil sie wissen, woher sie kommen und welche schöne Geschichte Afrika hat.

2. Zusammenhalten: Menschen in verschiedenen Ländern helfen sich gegenseitig und unterstützen sich, zum Beispiel bei wichtigen Problemen oder beim Austausch von Kultur.

3. Gerechtigkeit: Panafrikanismus macht aufmerksam darauf, dass manche Menschen wegen ihrer Hautfarbe oder Herkunft unfair behandelt werden. Er hilft dabei, für Gleichheit zu kämpfen.

4. Politisches Engagement: Viele Menschen setzen sich für die Rechte von Afroamerikanern und anderen afrikanischen Gruppen ein, weil sie zusammen stärker sind.

5. Kultur teilen: Durch den Panafrikanismus werden afrikanische Musik, Geschichten,

Kleidung und andere Traditionen in der ganzen Welt bekannt und gefeiert.

6. Gemeinsam arbeiten: Menschen und Länder arbeiten zusammen, um Handel zu machen und neue Chancen zu schaffen.

7. Lernen und Forschen: Es gibt Schulen und Projekte, die mehr über Afrikas Geschichte und Kultur erzählen, damit alle mehr darüber wissen können.

Der Panafrikanismus hilft also, dass Menschen afrikanischer Herkunft überall auf der Welt zusammenhalten, sich unterstützen und stolz auf ihre Herkunft sind.

Afrikanische Union

Die Afrikanische Union, kurz AU, ist eine große Gruppe von 55 Ländern in Afrika. Sie arbeiten zusammen, damit es allen Menschen in Afrika besser geht.

Die Länder helfen sich gegenseitig, damit es Frieden gibt und alle gut miteinander auskommen. Sie arbeiten auch zusammen, um Probleme wie Armut, Krankheiten oder Umweltverschmutzung zu lösen.

Das Hauptquartier der AU in Addis Abeba

Die Afrikanische Union will, dass Afrika stark und friedlich bleibt und alle Menschen ein gutes Leben haben.

Kapitel 8.Glauben in Afrika

Afrikanerinnen und Afrikaner sind ein vielfältiges Volk mit unterschiedlichen kulturellen und religiösen Traditionen. Bevor christliche Kreuzritter und islamische Dschihadisten ihre Religionen nach Afrika brachten, hatten die Afrikanerinnen und Afrikaner ihre eigenen traditionellen Glaubensrichtungen. Diese fremden Religionen waren – sowohl in Afrika als und auch in Asien – häufig mit Konflikten verbunden. In manchen Ländern werden Menschen wegen ihres Glaubens diskriminiert. Religionsfreiheit ist ein universelles Menschenrecht. Jeder Mensch sollte seinen Glauben ohne Angst und unter dem Schutz des Staates ausüben dürfen. Jede Art von Diskriminierung ist schlecht.

Christen gehen zum Beten in die Kirche, Muslime in die Moschee, und die traditionellen afrikanischen Gläubigen gehen zu ihren Schreinen, um Opfergaben und Libationen darzubringen.

Eine Gemeinsamkeit aller Religionen ist der Glaube an ein höheres Wesen, das auf Deutsch Gott, auf Arabisch Allah und im Bangwa-Stamm Kameruns Ndem genannt wird.

Kapitel 9.Die afrikanische Lebensweise- So leben Menschen in Afrika

Manche Kritiker sagen Afrika ist ein armer Kontinent, aber Afrika ist reich an natürlichen Ressourcen. Viele Rohstoffe wie Erdöl, Gold, Diamanten, Holz sowie Lebensmittel wie Bananen, Kakao und Tee kommen aus Afrika. Manche Afrikanerinnen und Afrikaner sind wohlhabend, doch viele bleiben arm, weil die vorhandenen Rohstoffe oft schlecht von den Regierungen genutzt werden. Trotzdem ist Afrika ein schöner Ort zum Besuchen und auch zum Leben. Das Wetter ist das ganze Jahr über meist warm.

Es gibt in Afrika Städte und Dörfer – genau wie in Europa oder Amerika. Aber die Städte und Dörfer im Westen sind meist schöner und moderner als die in Afrika. Afrikanerinnen und Afrikaner wohnt wie Europäer in Häusern, aber manche – vor allem auf dem Land – leben in sogenannten Hütten.

In einer traditionellen afrikanischen Familie ist der Mann das Familienoberhaupt. In vielen Kulturen erben nur Jungen das Eigentum ihres Vaters nach dessen Tod – aber diese Tradition ändert sich langsam.

Abenteuer durch die Zeit – Unsere Vergangenheit entdecken: Ein kurzer Text über Afrika für Kinder

Hütten sind die Wohnhäuser armer Menschen, meist im Dorf, aber manche sind sehr schön.

Menschen mit mittlerem Einkommen leben in Häusern mit gemauerten Wänden und Blech- oder Ziegeldächern.

Reiche Menschen wohnen in großen Villen wie dieses Haus

Kapitel 10. Die Sprache in Afrika

Afrika ist ein riesiger Kontinent mit über 2.000 Sprachen. Es gibt keine einzelne „Sprache Afrikas“, sondern viele verschiedene Sprachfamilien. Zu den wichtigsten gehören:

1. Niger-Kongo-Sprachen
    - Größte Sprachfamilie Afrikas
    - Beinhaltet Swahili, Yoruba, Zulu, Shona, Bamileke, Fang, Douala, Ewondo, Bangwa, etc.
    - Besonders verbreitet in West-, Zentral- und Südafrika
2. Afroasiatische Sprachen
    - Beinhaltet Arabisch, Amharisch, Somali, Hausa
    - Verbreitet in Nordafrika und am Horn von Afrika
3. Nilosaharanische Sprachen
    - Gesprochen im östlichen Zentralafrika (z. B. Maasai)
4. Khoisan-Sprachen
    - Kleine Sprachfamilie mit Klicklauten
    - Gesprochen von indigenen Gruppen im südlichen Afrika (z. B. in Namibia)

5. Indoeuropäische Sprachen (durch Kolonialzeit eingeführt)

- Englisch, Französisch, Portugiesisch, Afrikaans, Spanisch usw.
- Heute oft Amtssprachen in vielen Ländern

Kapitel 11. Afrikas Zukunft – für Kinder erklärt

Afrikanerinnen und Afrikaner lieben Kinder sehr. Kinder sind die Zukunft jeder Gesellschaft. Wenn ihre Eltern im Alter nicht mehr arbeiten können, sollen sie – nun erwachsen – deren Platz einnehmen. Afrikanische Kinder werden mit dem Respekt gegenüber ihren Eltern und allen Erwachsenen erzogen.

Kinder spielen im Dorf

Es ist ein Tabu, wenn ein Kind seine Eltern anschreit oder gar schlägt. Kinder in Afrika helfen im Haushalt mit – zum Beispiel beim Tellerwaschen, Fegen oder

Einkaufen. Wann Kinder Aufgaben übernehmen dürfen, entscheiden die Eltern.

Manche afrikanischen Kinder wohnen in Städten, andere auf dem Land. Sie tragen bunte Kleidung und feiern viele verschiedene Feste.

Wie alle Kinder auf der Welt haben sie Träume und Wünsche. Sie wollen lernen, spielen und glücklich sein.

Kapitel 12.Tiere in Afrika

In Afrika gibt es – wie auf anderen Kontinenten – Haus- und Wildtiere. Haustiere wie Hunde und Katzen leben bei den Menschen zu Hause. Wildtiere wie Löwen, Tiger oder Antilopen leben im Wald oder in Zoos.

Afrikanerinnen und Afrikaner leben nicht mit wilden Tieren im Haus! Sie halten Haustiere, aber sie schlafen nicht im selben Bett mit ihnen – wie es manchmal in Europa vorkommt. Das gilt in Afrika als unrein und ist ein Tabu.

Tiere sind in Afrika sehr wichtig – aus vielen Gründen. Hier sind einige:

1. Nahrung und Lebensunterhalt

- Viele Menschen halten Tiere wie Kühe, Ziegen, Hühner oder Schafe, um Milch, Fleisch oder Eier zu bekommen.
- Sie verkaufen die Tiere oder tierische Produkte auf dem Markt und verdienen so Geld, um ihre Familien zu versorgen.

2. Arbeit und Transport

- In ländlichen Gebieten werden Tiere wie Esel, Rinder oder Kamele genutzt, um Lasten zu tragen oder Felder zu pflügen.

Abenteuer durch die Zeit – Unsere Vergangenheit entdecken: Ein kurzer Text über Afrika für Kinder

3. Kultur und Tradition

- Tiere spielen eine wichtige Rolle in afrikanischen Bräuchen und Festen.
- In manchen Kulturen haben bestimmte Tiere symbolische Bedeutungen – zum Beispiel als Zeichen für Mut oder Stärke.

4. Naturschutz und Tourismus

- Afrikas wilde Tiere wie Elefanten, Löwen, Giraffen oder Zebras sind ein wichtiger Teil der Natur.
- Viele Menschen aus aller Welt kommen nach Afrika, um diese Tiere in Nationalparks zu sehen – das nennt man Safari-Tourismus. Das bringt Einnahmen für das Land und hilft beim Schutz der Tiere.

5. Ökologische Bedeutung

- Wilde Tiere halten das Gleichgewicht in der Natur. Raubtiere jagen andere Tiere, Pflanzenfresser fressen bestimmte Pflanzen – so bleibt das Ökosystem im Gleichgewicht.

Abenteuer durch die Zeit – Unsere Vergangenheit entdecken: Ein kurzer Text über Afrika für Kinder

Einige Tiere in Afrika. Hast du eines erkannt?

Kapitel 13.Einige afrikanische Helden- Mutige Menschen aus Afrika

Afrikanische Helden gibt es viele, die in verschiedenen Bereichen wie Politik, Kultur, Sport und Wissenschaft bedeutende Beiträge geleistet haben.

Ein herausragendes Beispiel ist Nelson Mandela, der für seinen Kampf gegen die Apartheid in Südafrika bekannt ist. Seine Entschlossenheit und sein Einsatz für Versöhnung und Gleichheit haben ihn zu einer globalen Ikone gemacht.

Haile Selassie aus Äthiopien

Ein weiterer bemerkenswerter Held ist Haile Selassie, der als Kaiser von Äthiopien eine wichtige Rolle im Widerstand gegen Kolonialismus spielte und für die afrikanische Einheit eintrat.

Kwame Nkrumah

Kwame Nkrumah war ein einflussreicher Politiker und der erste Präsident von Ghana, dem ersten afrikanischen Land, das 1957 die Unabhängigkeit von kolonialer Herrschaft erlangte. Er spielte eine zentrale Rolle im Kampf gegen den Kolonialismus und setzte sich für die politische und wirtschaftliche Unabhängigkeit Afrikas ein. Nkrumah war ein Verfechter des Panafrikanismus und glaubte an die Notwendigkeit einer vereinten afrikanischen Nation, um den Kontinent zu stärken und ihm eine Stimme auf der globalen Bühne zu geben.

Seine Amtszeit war nicht ohne Herausforderungen; er wurde 1966 durch einen Militärputsch gestürzt und lebte den Rest seines Lebens im Exil. Trotz dieser Schwierigkeiten bleibt Nkrumah eine Schlüsselfigur in der Geschichte Afrikas und wird für seinen unermüdlichen Einsatz für die Freiheit und Selbstbestimmung seines Volkes und des Kontinents gewürdigt.

Chimamanda Ngozi Adichie

Im Bereich der Kultur und Kunst ist Chimamanda Ngozi Adichie eine bedeutende Stimme, die durch ihre Literatur das Bewusstsein für die afrikanische Identität und die Herausforderungen, mit denen Frauen konfrontiert sind, schärft.

Kapitel 14: Alle Menschen sind gleich – Das große Miteinander

Alle Menschen sind wichtig und dürfen gleichbehandelt werden. Jeder hat die gleichen Rechte und Pflichten. Das ist eine wichtige Regel in der Demokratie und bei den Menschenrechten.

Was das heißt:

Alle Menschen sind gleich viel wert. Es ist nicht richtig, jemanden wegen seiner Herkunft, Hautfarbe, ob Junge oder Mädchen, Religion oder anderen Sachen schlechter zu behandeln.

Gleiche Rechte

Alle Menschen haben die gleichen Rechte. Das bedeutet zum Beispiel:

- Jeder Mensch hat das Recht zu leben.
- Jeder darf frei denken und seine Meinung sagen.
- Jeder darf lernen und eine Schule besuchen.
- Jeder darf Eigentum besitzen.
- Jeder soll frei und sicher leben können.

Gleiche Pflichten

Nicht nur Rechte sind wichtig – alle Menschen haben auch Pflichten. Das heißt:

- Wir müssen die Rechte anderer Menschen respektieren.
- Wir sollen die Gesetze einhalten.
- Jeder ist für sein eigenes Handeln verantwortlich.

Gleichheit vor dem Gesetz

Vor dem Gesetz sind alle Menschen gleich. Das heißt:

- Niemand darf bevorzugt oder benachteiligt werden.
- Bei einem Gericht oder neuen Gesetzen muss jeder gleichbehandelt werden – egal, ob arm oder reich, Frau oder Mann, alt oder jung.

Chancengleichheit

Chancengleichheit bedeutet:

- Jeder Mensch soll die Möglichkeit haben, etwas aus seinem Leben zu machen.
- Alle sollen ihre Fähigkeiten zeigen und mitmachen können – in der Schule, im Beruf und in der Gesellschaft.
- Manchmal haben Menschen aber unterschiedliche Startbedingungen, zum Beispiel durch Armut oder Herkunft. Trotzdem sollen alle fairen Chancen bekommen.

Kein Platz für Diskriminierung

Niemand darf schlechter behandelt werden wegen:

- seiner Hautfarbe,
- seiner Herkunft,
- seines Geschlechts,

- seiner Religion oder anderer persönlicher Merkmale. Das steht auch in vielen Gesetzen.

Was steht im Grundgesetz dazu?

In Artikel 3 des deutschen Grundgesetzes steht:

- „Alle Menschen sind vor dem Gesetz gleich."
- „Männer und Frauen sind gleichberechtigt." Das Grundgesetz schützt die Gleichheit aller Menschen und fordert, dass diese auch im echten Leben umgesetzt wird.

Abenteuer durch die Zeit – Unsere Vergangenheit entdecken: Ein kurzer Text über Afrika für Kinder

Der Autor

Stephen Ekokobe Awung wurde in Kamerun und Deutschland ausgebildet. Er ist Webentwickler und politischer Analyst. Er hat viele kritische Aufsätze und literarische Werke geschrieben, die in internationalen Zeitschriften und Sammelbänden veröffentlicht wurden. Er ist Mitglied der International Society of Poets.

Stephen ist Vorsitzende der Verein African People's Convention in Kassel, Deutschland. Er wurde außerdem in den Ausländerbeirat der Stadt Kassel im Jahr 2015 gewählt, wo er sich für die Interessen von Migranten einsetzt. Steeve – wie ihn viele nennen – hat mehrere Auszeichnungen für seine Poesie erhalten und seine Veröffentlichungen auf vielen Veranstaltungen in Deutschland präsentiert.

www.ingramcontent.com/pod-product-compliance
Lightning Source LLC
LaVergne TN
LVHW042238190726
843491LV00003BA/1115

9783819298615